Bibliografische Information der Deutschen Nationalbibliothek:
Die Deutsche Nationalbibliothek verzeichnet diese Publikation in der
Deutschen Nationalbibliografie; detaillierte bibliografische Daten sind im
Internet über www.dnb.de abrufbar.

©Diana Wiedra
Covergestaltung und Layout: Diana Wiedra

Herstellung und Verlag:
BoD – Books on Demand, Norderstedt"
ISBN: 9783751913928

София Бенедикт

О ЛЮБВИ
ГОВОРЯТ ШЕПОТОМ

Лирика

«Я погиб. Меня погубила черная мерцающая подземная река, погубил звук скрипки над крышами домов, погубил серебристый воздух декабря, погубила тоска серого неба, ах, я погиб из-за тебя, сладчайшее сердце, мечта несравненной голубизны, свечение растекающегося над всеми лесами и долами чувства... Сердце сердца моего, так не было никогда. Беспокойное счастье, сплетение лиан, крики из жарких, лихорадочных ночей... Разве я когда-то испытывал это: нежность?» (Ремарк – из письма Марлен Дитрих Париж, после 07.12.1937)

.

Anima incognita

Далекому другу посвящаю

***

Воспоминания –
вы преданные псы…

Когда наступит
час
и над ничтожным
существованием моим
опуститься завеса,
вы и тогда…

Вы поплететесь
за мной туда,
где обитают
покой и тишина

Чтобы и там
покоя мне
не дать

***

Обмелела река смыслов.
Тьма Космоса
накрыла землю.
Тогда ты понял все
и
был потерян.

Одно лишь
оставалось у тебя –
твое воображение –
соломинка
в ослабленных
руках.

И ты закрыл глаза.
Ты стал молиться,

на помощь призывая Свет.

И ты родил его
в своем воображенье.

С тех пор стал Свет
твоим оружьем…

***

Была я очевидцем
событий –
душу рвущих,
печальных,
нежных и
зовущих…

Я видела, как дни
рождаются и умирают…

И вдруг
в глубинах феерического леса
запела птица.

То была Любовь!

В волшебной песне той –
сладчайшая тревога
ожиданья,
божественная дрожь
и память
о том,
как наши пальцы…
и губы…
И потом…
Любовное самозабвенье…

Как краток этот миг!
А жизнь длиною в вечность…

***

По статистике –
семь лет жизни
любимых мы ждем.

Но разве в это время
мы не живем?

***

В генах моих –
память
предков

В жилах моих –
кровь народов,
городов,

кровь смешения
и рассеяния…

Душу мою разрывают
сомнения.

Во мне
так много
всего…

А все потому
что я –
русская.

***

Ты устал,
тебе хочется спать.

Надоело выслушивать
бесконечные речи.
Надоели
лица,
слова,
шаги...

Душа тоскует
по тишине,
по безмятежности
одиночества.
Тебя клонит ко сну.
И вот ты уснул…

А потом,
проснувшись в сумерки,
в безмолвьем объятом
тебе не знакомом месте
в страхе воскликнул:

«Эй, здесь есть кто–нибудь?»

***

Избыток солидарности –
это война.

Отсутствие оной –
моральная смерть
народа…

***

Презрев законы аэродинамики,
пухлые ангелочки,
парят под куполом церкви…

Главное –
Верить,
что у тебя есть
крылья…

***

Либерализм –
это,
когда у каждого есть свобода,
у каждого есть право.

Право
высказывать
свое мнение.

Право
Презирать.
Право ранить
Право глумиться.

Право топтать
то,
что другому свято.

Либерализм –
имя юного бога
Анархии...

***

Все самое важное
произносится
тихо.

Честное слово
звучит спокойно.

О любви говорят
шепотом…

Громко кричат только о
ненависти.

В барабаны бьет
только
ложь…

СТАРЫЙ АЛЬБОМ

На пожелтевших
листах бумаги
расплываются
черты
некогда любимых
тобой людей…

А может,
это слезы
застят тебе
глаза…

***
Самые верные подданные –
это всегда предатели.

Подданный,
он ведь так легко
поддается…

КД

***

Бывают у счастья причины?
Серьезные…
Весомые…
Ощутимые…

Нет у счастья веских причин…
Невесомые у счастья причины.

Как крылышко мотылька.
Как весенний ветер.
Как смех девочки,
когда травинка щекочет
розовые
ее пяточки…

***
Мы – дети двадцатого века,
усталое поколение
поникших от слез васильков
на обочине
пути
в бесконечность…

***

Близкие люди
никогда не живут по соседству.
Близкие люди всегда
далеко.

В другом городе.
В другой стране.
На другой планете.
В другом измерении…

Но от этого
они
не перестают
быть
близкими…

КД

***

Вы когда-нибудь
смотрели
в глаза
веселому
клоуну?
Вы видели эту
тугую тоску
на дне
его темных зрачков?

Доводилось ли вам
заглянуть в душу скептика?

Слышали вы,
как поют соловьи

в глубинах
полной горечи
его
души?

***

Дворцы не бывают уютными…
Уютна
квартирка
в Черемушках,
когда дети спят,
а на плите заливается чайник.

Когда за кухонным столом
течет беседа.

Когда за разрисованными
морозом
темными окнами
слышно
молчание звезд…

***

Когда ночь
погружается на дно
черной дыры,
в застывшей Вселенной
бродит призрак
разбитого времени.

И лишь надежда
бездомным котенком
робко
жмется
к твоей груди…

***

Слоны с рубиновыми глазами,
красными от зноя глазами,
бредут по саванне
в поиске глотка воды.

Крик о помощи
застрял
в пересохшем горле…

***

Проснуться ранним утром,
взглянуть в окно,
увидеть зацветший куст сирени
и
свое отражение
в дрожащем весеннем луче –

это и есть
счастье
на нашей
погрязшей
в несчастьях
Земле.

***

Дни идут за днями,
сменяя хорошую погоду
проливными дождями.
Смотрю в окно.
Просто так.
Без печали,
без радости.

Заточенная в себе самой –
самой худшей
из всех тюрем…

***
Невозможно любить
человечество –
ни у кого нет
такого большого сердца,
чтобы вместить всех.
Любить
можно человека.

За его неповторимость,
или
за его несовершенство.
За то, что он похож
или
совсем не похож на тебя.

За то, что он дышит
источая тепло,
которое нужно тебе…

***

Дождь
барабанит
по стеклам,
жалобно просит
его впустить –
вместе серебряным облаком,
проливающим на землю
потоки слез…

***

Путь революции – это
путь восторга
и разрушения,
путь экстаза освобождения,
путь опьянения,
путь каннибализма,
путь жажды крови,

Революция
жадно
пожирает тех,
кто ее породил…

Это известно кажлому,
но…

***

Самое важное
никогда
не теряется в памяти.

Перышки одуванчика,
взлетевшие от порыва
поющего
ветра…

Пчела,
возносящая молитву небу
перед тем
как воткнуть хоботок
в нектарную мякоть
лилового сердца ириса…

Все самое важное,
оно всегда
с тобой.

***
Любовь
лишает сердце
свободы.

Не оттого ли влюбленные,
поднимая глаза
к просторам Вселенной

в тоске смотрят на звезды,
серебром вытканные
в ночной бесконечности
шлейфа ночи,

и мы слышим
стоны,
разрывающие
их грудь…

***

У самовлюбленности
круглые мысли,
они так дружно
катятся одна за другой.

Самовлюбленность –
она
такая – удивительно
круглая…

Самовлюбленные –
всегда нули.

***

Больное сердце
может вылечить
лишь другое сердце,

в котором теплится
огонек
любви…

Огонек
милосердия…

Огонек…

***

Золотая середина –
это вовсе не
середина.

Она всегда сдвинута.

Возможно, это
золотое сечение –
пять к трем.

Значит…

***

Спой мне песню
о вольном ветре,
спой мне песню
о синем море,
спой мне песню
о дальних странах…

Спой мне песню
о великой надежде…

Спой мне песню!

Песню
об одиноком сердце,

которое
бродит
в сумерках
ночи.

***

Ты спросил,
умею ли я
кататься
на горных лыжах.

Кататься?
Ха, съехать с горы?
Ничего не бывает проще!

Спроси лучше,
сумею ли я
остановиться…

***

Если скупец
стал твоим другом,
то знай,
он –

капля за каплей –
высосет
твою живую душу.

Скупцы питаются
кровью
наивных душ

***

Жизнь длиною
в полвздоха.

Это когда
от счастья
захватывает
дух

и ты молишь мгновенье:

«Остановись!»

...

***

На развалинах
ушедшего дня

девочкой,
уставшей ждать
чуда,

склонив
голову
на плечо
одиночества,

льет слезы
моя любовь…

***

У каждого свой ад.

Для кого
это огонь и смола.

Для кого –
место, где нет
тишины…

Мой ад –
моя тоска
по моему
одиночеству…

***

Крепость веры
заключается

в крепости цемента
убежденности
верящего.

***

Рай –
это не то место,
где ты будешь
когда-то
счастлив.

Рай –
это место,
где ты уже был
счастлив

в те времена,
когда
чувство греха
было тебе
чуждо.

Рай –
местожительства
невинности
раннего
детства…

***

Страх
отнимает
свободу.

Надежда
возвращает
ее тебе.

Надежда,
эта красивая шлюха,

она возводит дворцы,

но это –
всего лишь
воздушные
замки.

***

Нет у меня времени.
беспокоиться о том,
что я сделала.

Мне надо думать о том,
что еще
я могу
натворить.

***

Успехи тихо
уходят в прошлое,
их след остывает
в синей ночи
забвения.

И лишь ошибки
остаются
у твоего порога,

Они накапливаются,
как накапливается
печаль.

***

Трагедия старости
вовсе не в возрасте.

Она
в том, что
тебе хочется
верить,
что
все еще
впереди…

***

Как ты думаешь,
наступит такой день,
когда человек,

которому отрезало
ногу,

перестанет
испытывать
боль?

***

Кто–то тихо
смотрит
мне в глаза
из темноты
опустевшего дома,

который завтра
назначен на снос.

Может,
это
моя душа?

***
Ты боишься
людей.

Не потому ли,
что ты
слишком хорошо
знаешь
себя?

***

Непостоянство –
это движение.

Что было вчера?
Что будет завтра?

Прошлое –
это шаткая почва
под моими ногами.

Будущее –
это небо
над моей головой.

Каждое утро
мое тело приобретает
новые клетки.

Я не могу сегодня
вдохнуть
воздух, которым
дышала вчера.

Все плохое проходит.
И хорошее тоже.
остается
одно лишь
непостоянство.

***

«Чем ты рискуешь,
это всего лишь время», –
сказал он мне.

Но что у нас есть,
кроме
быстротекущего
времени,

неумолимо
струящегося
сквозь пальцы
вечности…

***

Страхи
питаются
плотью моей души.

Чего я боюсь?
Утратить из виду берег?

Я. Как моряк,
уходя в плаванье,
увожу с собой
память о
твердой почве,
по которой ступала
моя нога…

***

Самые страшные тайны
осадком
лежат
на дне
истомленной моей
души –

слабость,
надежда,
страх…

***

Где живет мое Я?
Возможно,
между сердцем
и селезенкой…

А может,
оно затаилось
в уголочке за правым легким?

Искать бесполезно.
Оно кочует.

Потому что
я
каждый день
создаю себя
новую.

И только
за гранью смерти

я обрету себя...

ВОЗЛЮБИ ВРАГА СВОЕГО…

Враги мои
погребли меня
на обочине,
там.
где начинается пашня.

Земля была теплой.
Вскоре пошел дождь…

И вдруг мне стало больно,
ужасно больно,
лопатки мои раздвинулись,
тело разверзлось…

и я увидела свет.

Свет
новой жизни...

Враги мои,
они
не могли знать,
что я –
зерно…

***

Счастье – это
когда
ты не ждешь
от любимого больше,
чем он может
тебе дать…

Счастье – это
когда
ты не ждешь
от судьбы больше,
чем она решила
тебе дать…

Счастье – это
когда
ты не ждешь…

***

Дождю возношу
мою молитву…
Великую мою любовь –
дождю.

Плачет моя душа
И дождь,

шепчет мне на ухо:

«Ну вот, нас теперь уже двое…»

***

Быть человеком,
это значит –
уметь
принять
решение
вопреки
всем выгодам мира.

И даже тогда,
когда
инстинкты
диктуют тебе

другое…

***

С трудом пробираясь
сквозь
прозу жизни,

исчерпав
всю меру горечи неудач,
остановилась
на краю обрыва,

подняла взор к небу
в последней надежде
вымолить что–то…

и застыла в молчанье.

У звезд были
заплаканные глаза.

***

Счастье жертвы.
Счастье отдачи.
Счастье свободы.

Ты не привязан.
Ты волен, как ветер.

Тебе
ничего не надо.

У тебя есть все.

А значит, ты счастлив.

КД

***

Ты –
зверь,
инстинктам
подчиненный.

Ты –
человек,
душою
льнущий к Богу.

Ты –
существо,
распятое над бездной
своих желаний…

Поэт
со страждущей
душой.

***

Нас много
на свете,
мы связаны
нитями жизни.

Мы –
острова в океане,
тоскующие
по нежности
других островов…

И даже влюбленные,
отчаянно пытаясь слиться
в единое целое,
понимают тщетность
своих надежд.

Мы
друг без друга,
не можем,

но с мукой своей
ты всегда один на один.

***

Враг
настиг меня,
пленил и
бросил в яму,

готовя злую казнь…

Но яма…

Окопом
может стать она,
когда не готова

покориться.

***

Молчаливый, тысячерукий
голый лес,
с шорохами
заполняющими пространство –

надежный приют
бродящих во мраке
душ,

пристанище
призраков –
немых и печальных,

забывших
слова любви…

***

На рубеже
мятежного заката,
с надеждой в сердце,
так неосторожно,
ты заглянул
в ее зрачки.

Откуда ж
было знать тебе,
что это омут?!

Лишь оказавшись
там,
на дне,
ты осознал
всю темноту
ее души,

но было поздно…

***

Истончилась
эпидерма
моей души.

Тоска застряла
в ней,
как пуля.

***

Он хорош и
он твой,
но…
его ты не любишь.

Хороших не любят.

Их любят иначе –

без жара в крови.
Без боли в сердце.
Без огненных мотыльков,
порхающих
над черной бездной.

Братской любовью
любят хороших…

А той, другою
любовью,
сжигающей изнутри,
ты любишь другого,

который
никогда
не будет
твоим.

***

Тебе с нею просто
в вашем удобном мире,
где счастье, как груша
свисает с ветки,
где поленья
трещат в камине,
где за окном
простирается сад,
а за садом синеет озеро.

Тебе хорошо...

И лишь когда наступает осень,
когда лунный луч вырывает
из сумрака ночи
голые ветви,
ты вспоминаешь
о той, другой.

Ее ты оставил там,
где ветер поет в трубе
дешевой гостиницы,
где дождь наотмашь
колотит по окнам...
где только дорога...

И ты тоскуешь
По той,
другой...

***

Закат, воспламеняя
горизонт,
льет
пурпур в реку,
в нем
тонет небо
и
огонь заката
целует
потемневшую листву.

Там над обрывом,
не зная страха,
застыла девочка,

взгляд ее
на небо устремлен,

где белым кораблем
струится мимо
время.

Оно течет
сквозь
голубые воды

того, что было,
и придет еще...

***

Утренние зори,
придуманы они затем,
чтобы радостными
были пробуждения.

Чтоб в глубине
твоей
души

не умирала
нежность…

***

Жизнь –
печальная равнина
между
двумя
смертями,

предвестница
того,
что ждет нас

впереди…

***

Тоска бродила по квартире,
бесшумно поднимаясь
на цыпочки,
заглядывая мне через плечо,
следила взглядом
за моим пером,
печальною рукой
по волосам моим
скользила,
смотрела в сторону
и молча
удалялась в сад…

***

Бешеное крещендо
шекспировских страстей
вздымает пену

в стакане
интеллектуальной
жижи...

***

Для того,
чтобы
почувствовать
вкус воды…

Для того,
чтобы
понять величие
вечности…

Для того, чтобы…

***

Кто за материю
На бой идет,
Того ждет пораженье

Победа ждет
Идеалистов.
Но,

одержав победу,

в материю
они
ее
преобазят.

***

Когда их влажные
от пота тела
соединились
в едином порыве,
и животворящая влага,
излившись
в сладкой истоме,
сотворила чудо,

ночные светила
вздрогнули
в холодном небе –
от желания и неги и,
напрягшись,
приняли в себя
этот желанный плод.

***

Sieg!
Зло звучит это слово.
Как удар топора.
Как звук электропилы
по живому дереву.

Победа
звучит иначе.
По–беда… –
По–том,
по–сле беды.

В этом слове –
непросохшие слезы
после великого горя…

***

Ты думаешь,
ты видишь мир
таким, каков он есть?

Ах, нет, это твои глаза
видят его таким,
каким хотят видеть его
твои желания.

Не сотвори себе
ку–
мира…

Г.Ф.

МОЯ КОЛЛЕКЦИЯ

Один собирает марки,
другой – этикетки спичечные,
третий – ворованные полотна
художников второй половины
восемнадцатого века
прячет у себя в подвале,
за семью замками.
А я собираю твои улыбки,
взгляды твои коллекционирую.
Смешок или невзначай оброненное
слово
подбираю я.
Так нищий на улице
подбирает окурок.
Тебе это слово – пустяк,
как окурок прохожему.
А мне оно –
как тот же окурок нищему,
тоскующему
по долгожданной затяжке.

Собираю движения рук твоих,
поворот головы,

взмах ресниц.
Храню глубоко,
в сердце своем
от завистников злых.

Когда город спит
глубочайшим сном,
и даже у звезд на небе
смыкаются глаза,
я прихожу сюда и,
замирая от восторга,
перебираю сокровища,
гордой владелицей коих
являюсь я.

Улыбки хранятся
в коробке из-под цветных карандашей.
Взгляды не умещаются нигде.
О, взгляды!
Они так много таят в себе!
Взгляд – Утешитель.
Взгляд – Мудрец.
Взгляд – Соблазнитель.
Взгляд – Гордец.
Взгляд – Художник и
И Взгляд – Творец.
И еще много
совсем маленьких,
грустных или веселеньких взглядов.
Но ни одного – как ни ищи –

лживого среди них,
ни одного взгляда,
обещающего рай
на грешной земле.

Совсем отдельно хранятся слова.
Вот это ты обронил вчера –
слово, похожее на изумруд.
Все слова твои –
драгоценные камни чистейшей воды,
где выверена каждая грань до микрона.

Что по сравненью со мной
все Рокфеллеры и Дюпоны!
Так, мелюзга!

Ночь смыкает глаза.
Над городом занимается день.
Вот замаячила чья–то тень..
Собираю сокровища,
прячу их глубоко,
чтобы не нашел никто.
Вешаю на сердце двенадцать замков
и мечтаю вновь
о минуте свободы и одиночества,
чтобы вернувшись в свои тайники,
перебирать снова твои –
взгляды,
улыбки,
кивки,

смешки,
слова
и рукопожатия.

О, их я ношу с собой,
вместе со своею рукой,
которую пожимаешь ты
при каждом "здравствуй"
и каждом "прощай".

Прижимаю ладонь к губам
и слушаю сердце свое – там
тысячи скрипок выводят
мелодию любви и
восторга…

ОПАЛЕННОЕ КРЫЛО

Куда ты бежишь?
От кого убегаешь?
Мимо мелькают поля,
ты хочешь объять их,
но у тебя нет времени.
Зыбкое море трав
и цветов,
ты топчешь их,
словно пламя тебя нагоняет
словно алчные его языки
лижут твои ступни.
Клумба вскопана,
но у тебя нет времени посадить цветы.
Огонь пожирает ее.
Фундамент заложен,
но дом не будет возведен.
Огонь пожирает его.
Сад заложен,
но он не принесет плодов.
Огонь пожиррет его.
Огонь
пожирает детское твое сердце.
Ты полыхаешь в этом огне.

Ты сгораешь и возрождаешься,
чтобы мчаться дальше.

Останови свой бег,
бегущая по
по кочкам, по лужам, по траве!
Прислушайся к пению птиц!
Вокруг тебя – мир, полный звезд,
наполненный шелестом берез.
Приласкай каждую из них,
не забудь ни одной,
чтобы забытая не изошла слезой.
Теплый мох это твоя постель.
Ложись и смотри в облака,
покусывая травинку.
Думай о вечном,
не спеша никуда,
ты уже пришла,
ты уже здесь...

Слышишь звон колоколов вдалеке?
Дрожащую песню вереска?
Лепет листвы?
Шепот воды в синем ручье?
Они никуда не спешат.
Они были и будут всегда..
И ты, Бегущая,
прислушайся к звукам
вечности
внутри тебя…

МЕЧТЫ И ТРЯПКИ

Шить красивые платья,
гулять по улицам людным,
смеяться громко…

Ты раздариваешь свои платья,
испытывая благодарность
к тем, кто готов их принять.
Это –
доказательство их любви к тебе.

Выставка–продажа тряпья.
Старья. Утильсырья?
Распродажа одежды шестидесятых.
А ты сидишь в сторонке, набычась,
ненавидя моду тех лет!

Потом любопытство берет верх.
И вдруг, неизвестно откуда, – радость.
Ярко–красный бархат.
Как хочется его потрогать!
Примерить?
Нет!
Он отвратителен.
Нет, он прекрасен!
Синий, красный, фиолетовый…

Цвета преисподней.

Соблазн...
Воздух густ от желания...

Как можно увидеть целое?
Лишь расчленив и
потом
снова собрав вместе.

Как отличить
черное от белого?

***

Говорят, валлоны не любят французов.
Говорят, французы не любят валлонов...

А что делать мне,
если я нахожу
симпатичными
и тех, и других?

И еще индейцев из племени майя,
негров из Нижней Гвинеи,
англичан и ирландцев,
евреев и немцев.

Хотя, конечно,
среди тех и этих
попадаются
преотвратные
типы.

***

Усталость
землекопа
на закате
дня –

ничто

по сравнению
с усталостью
ребенка,
утратившего
веру
в любовь.

***

Рождена я
в холодной воде.

Боюсь
умереть
от жажды

***

История –
это не наше знание
о прошлом.

Это знание прошлого
о себе самом

Мысль о смерти
держит душу
в плен…

***

Неуловимая и
вполне осязаемая
плоть
желания
зовет меня

я
иду
за моею тенью,

скрывая неукротимую
жажду любви
в моем

пристыженном
сердце

***

Когда слоны
почувствуют себя
несчастными,

они покидают
дом

и отправляются
на поиск счастья

***
Плыву
через реку

Ее называют
жизнью.

Мне надо доплыть
до другого берега,

где начинается
вечность.

***

Не всякое
доброе дело
добром
плодоносит

***
Где

мое место
во Вселенной?

Должно же
быть
и у меня

такое место,

где бремя
пережитых вёсен

не будет
на меня
давить…

***

Вчера с балкона наблюдала,

как в мелких лужицах
дрожал и извивался
малиновый закат.

Прищурила глаза и вдруг
увидела себя
девчонкой босоногой,
стоящей в луже,
в ней отражалось небо
и облака струились

к далеким остовам.

И я плыла…

Стояла в лодке
с весломв руке
и наблюдала,
как поднималась рябь
на выцветшей воде…

А там вдали,
на острове далеком
махала мне кто-то
бледною
рукой…

***

Живем в такое время мы,
когда
друзья боятся

быть верными,

оз опасения,

что верность
унесет

их силу духа…

***

Ты спросил,
как мое имя…

Имени нет у меня.

Я – солнечный зайчик на
облетевшем
осеннем листе,

я – ветер в твоих волосах,
я – всплеск весла

в тишине забытого озера,

предсмертный крик птицы,

пронзенной навылет
стрелой охотника…

***

Я скоро унесусь
куда–то,

ах, нет, не к звездам
Млечного пути,

Скорей всего,
в глубины океана –

холодного и черного,
как ночь…

***

Когда задует
ветер перемен,
не стены возводи,
а паруса,
сказал мудрец,

но он забыл добавить,
зачем.

Что б с ветром плыть,

или навстречу
неизвестному
стремиться…

***

Я не жила,
я все ждала чего–то.

Да, жизнь моя
похожа на вокзал,

где я сижу, стою, гуляю
по залу ожиданья.

Года идут, а я все верю,
что однажды
мой поезд все–таки придет,

и молча тереблю в кармане
я горстку мелочи,
истершийся билет
в один конец

и лепестки надежды…

***

Станция – это
то место,
где одни входят,
а другие
выходят,

где люди
не видят
друг друга.

На станциях
живет
оддиночество.

***

Печальной узницей
я прошлого живу,

купаясь мыслями
в реке былых желаний,

и ранних слез.

А между тем,в углу
моей
темницы
расцвел цветок –
он полон аромата
и ядом напоен.

Ты спросишь его имя

и я отвечу –

Любовь…

***

Вы в восхиищеньи
от своих бла-бла,
когда вы с умным видом,
себя экспертами считая
в делах далеких
вашего ума,
вещаете свои соображения
тем, кто покорно
кивает вам в ответ, встречая
аплодисментами
любую вашу чушь…

Все то, что рай
для дураков,
для умных
ад.

***

Платье без женщины…

висит одиноко
на стуле,
тоскуя по теплой коже,
по нежной ее руке,
разгладившей
складочку…

Тоскует
по зеркалу,
в котором оно
уже никогда не увидит
своего отраженья…

***

Когда от горечи
душа твоя
вся болью изойдет

лишь тут поймешь ты,
что смиренье –

тот самый доктор,
что излечит все

РАЗГОВОР С СЕНЕКОЙ

Тебя спросили, что есть Разум,
и ты ответил:
«Осознание
того,
что в мире этом
возможности
имеют свой предел.

Блажен,
кто осознал
границы власти
своей.

Судьбой ведом,
идет по жизни он
с великой верою
в свое предназначенье.

Того, кто протестует,
желая изменить
несчастную судьбу свою,
влечет она насильно
не внимая
ни жалобным речам
ни поношеньям…

Судьба иль Бог…
Решают все они.

***

Змейкой
нежность
вползает в сердце,
сворачивается клубочком,
мурлычет что–то себе под нос,

проливая
в душу
свой сладкий яд,

она делает меня
пленницей
моей любви

и твоей
неверности

***

Мысль,
как удар
ребром ладони

пронзит меня.

Без крика,
без печали
я понимаю все…

***

Кожей чувствую страх
в неудержимой
дрожи
каждого листочка,

когда
срубают
дерево.

***

Надежда –
сладкое вино.

Она –
наркотик,
лишает разума,
лишает воли...

Ах, лучше бы она
умирала
первой…

***

Что сказать о
предателях?

Низкий народ!

Для них уготован
Девятый
круг
ада

Холод на озере
Коцит.

Но как часто
я
предавала

себя…

***

Если б люди
всегда
говорили
одну только правду,

от людей
давно
ничего
не осталось
бы

***

В ночи бродила я
одна

потом
пришел Восход.

Принес он
новый день с собой,

но ночь моя
осталась
мне верна.

НА ПРИДОРОЖНОМ КАМНЕ

Пойдешь налево –
счастье найдешь.

Пойдешь направо –
богатство найдешь.

Прямо пойдешь –
обрящешь
чистоты бесконечной
царство.

Прямой я выбираю путь

***

Проступки наши –
это наши дети.

Стыдиться
иль гордиться
ими
будем мы.

***

И угораздило ж меня
родиться
в такое время!

Мы – поколение
застрявшее
среди чужих миров.

Двадцатый век.

Мы пережили
крушение культуры
веков нам предстоящих…

Волной цунами
нас вынесло на брег
чужого нам
тысячелетья,

где волею судьбы
повисли мы
остатками ему чужого
мира.

И вот висим мы
никому не нужным
грузом.

***

Время несется
быстрее пули,
за ним остается
зловещий след...

Меняется все,
и вот
на место
волков и тигров
приходят гиены.

А шарик несется,
мечтая и этих
сбросить однажды
со своего хребта.

***

Надежда,
эта продажная шлюха,

она улыбается нежно и
обещает…
Льет в душу твою
сладкий яд,
усыпляя ее,

а когда
приходит пробуждение,

ты находишь себя
на пепелище
в жестокой ломке, и
молишь
дать тебе еще
хоть каплю
этой сладкой отравы

***

Магнитные твои глаза,
они
притягивают взоры
идущих мимо
и они
теряют свой покой
навеки,
не зная,
в чем причина
тоски такой
и отчего
чужбиной кажется им
собственная жизнь

***

Ах, этот капитан
внутри меня,
с компа̀сом
в сморщенной руке,
он путь мне указует,

а я плетусь,
верна его приказам,
не в силах

пустить на самотек
судьбу свою и отказаться
от верного его пути,

уйти туда,
где ветер северный
мне друг.

***

По теории Эйнштейна
пути параллельные
встречаются
где–то там, далеко,
в бесконечности,

где свет звезд
согревает планеты.

Возможно
и мы с тобой

встретимся…

***

Меня спросили, во что я верю,
и я ответила, в судьбу

и в то, что чувства
сильнее разума.

Предать доверие –
сломать любовь.

В молчанье верю я,
оно
красноречивей всяких слов.

Во взгляда магию я верю,
больнее ранит он,
чем сто клинков,
иль может воскресить
тебя из метвых.

Во время верю я –
оно не вечно.
Поэтому важней всего

секунда эта, когда ты
читаешь то,
что я пишу.

***

Дождь за окном.
Дождь в сердце.

Звон хрустальных капель
по стеклам.

Это моими слезами
плачет природа,
лаская
смятенную
душу мою.

Безмолвный
листок бумаги
тоскует один
на столе,

слушая
симфонию
моего молчания

**

Ветер, подняв столб пыли,
промчался по улице.
Обманутым любовником
взметнул занавеску,
ворвался в комнату,
нервно
перелистал страницы
моего дневника…

Застыл
в печальном молчанье,
вздохнул глубоко…

И потом легонько
коснулся пальцами
моих век…

***

Бойтесь
униженных
Бойтесь
оскорблённых!

Бойтесь
людей не гордых!

Бойтесь слабых!

Сладкоречивых!

Бойтесь
не имеющих
своего мнения

Мнение или его отсутствие –
это тоже форма действия.

***

Истинно верующий
не ищет явлений –
вера
живет
в глубинах
его души.

А все потому
что
у Бога нет дома.
Бог – это дом.

У Бога нет жизни.
Бог – это жизнь

У Бога нет ничего.
Бог – это все.

Бог
обитает
в бессмертной твоей душе.

Нет у Него
иного пристанища,
кроме
наших
больных
сердец.

***

Обещание рая
в обмен на душу…

Но разве бездушных
пускают в рай?

Лишь слезы,
да еще любовь
приближают
тебя к Богу

Повсюду
искала я
любовь,

а она..

всегда была
в руках Божьих…

***

Безмолвных знаний
в мире больше,
чем тех,
которые возможно
словами выразить,
и это так.

«Бог существует» –
это
одно из тех,
безмолвных знаний,
которые стоят

в начале
всех начал…

ЛУНА

Брожу по дому
в тоске неприкаянной,
тереблю браслеты,
перечитываю стихи,
ищу что–то, и не могу найти...

А ночь стоит такая прозрачная,
исполненная аромата звезд
и жасмина
с примесью горькой полыни.
Пытаюсь вспомнить твое лицо...
оно выплывает из ночи,
окутанное туманом,
и исчезает в моей тоске...

И только глаза,
как два солнца в ночи
плывут на меня...
Молчи, молчи, не нарушай тишины
и моего одиночества.
Тереблю браслетов моих серебро,
брожу по саду, срываю цветы,
умирая от ревности и тоски.

Луна протягивает
серебряную дорогу
к ногам моим –
ступаю босыми ступнями...
Она, жар охлаждает.
Устремляюсь по ней,
становлюсь спокойной и
равнодушной,
как сама луна.
Все равно – куда,
лишь бы идти, скользя,
без ноши, без багажа,
налегке,
никуда не спеша.
В ночь...

* * *

Любовь – беда.
Слова, как высохший родник.
Потухшие глаза.
У края пропасти стоишь.
Вздыхаешь тихо
и, украдкой
смахнув слезу,
ты возвращаешься обратно –
в беду,
в тоску и
в тишину.

***

Пустые поля.
Леса, где вымерла жизнь.
Замолкли птицы.
Мышь не скользнет в нору.
Лист не шуршит на ветру.
Ветра нет.
Тишина.
Нежданная.
Долгожданная.

Пустые бутылки из–под вина.
Пустые обертки из–под конфет.
Пустые банки,
пустые коробки.
Кошельки пустые.

Сны без снов.
Тела без душ...
Души без тел...

***

Я созрела для Рима.
Это так называется.
Поезд катит меня
по дороге на юг.
Ночь.
Полночные тени за окнами маются.
Поезд мчится вперед,
ненадежен мой путь.

То не поезд бежит,
это я убегаю.
И вопрос – не куда,
а откуда мой бег...

***

Сижу, плачу и пиво пью –
проклинаю долю свою.

Любви хочу,
ох, как любви хочу!
Полюби меня, кто-нибудь!

Надо перестать быть женщиной…

Перестать любви хотеть.

Тогда можно спокойно стареть,
сидеть, пиво пить и
не плакать, а
петь,
или
рассуждать о политике.

А я сижу, пиво пью
и плачу о том, что я женщина.

МАТИС–С(Н)Ы

Мне снились сиреневые
узоры Матисса
На полотнах чудовищных
полыхали ирисы.
Сиреневые ирисы
помешанного Матисса.
Во сне я сходила с ума
и рисовала сама:
белые храмы, золотые маковки
и алые поля маковые,
листья чертополоха синего
и зрачки взгляда совиного,
небо желтое в золотом дожде
и мечты мои – о тебе.
Выросли подсолнухи,
и давай головами качать.
Во сне мне ужасно
хотелось спать...

* * *

Мне снилась готика
нью-йоркских небоскребов
Нью-Йорк у их подножий клокотал...

КД

СТЕПЬ

1.
Я знаю,
ты любишь
распутных женщин,
рыжеволосых,
распластанных
по асфальтам
больших городов.

Потому что
ты любишь
Женщину…

2
Для того, чтобы выйти
в открытый Космос,
говорил ты,
надо ликвидировать стены.
К чему смотреть в степь,
если можно туда войти?…

Надо лишь найти мужество, и
покинуть
панцирь комфорта,
в плену у которого ты живешь.
Надо начать движение,
и, набрав
критическую массу
жажды свободы,
обрушиться в Степь.

Познав Степь, ты уже не сможешь…

И я шагнула.
И я познала.
И я не могу…
Мир распался,
разрушив господство Целого,
эту иллюзию
непрерывности времени,
которое –
всего лишь –
потоки кристаллов света,
бьющих наотмашь,
и уносящих тебя
за горизонт событий,
в глубины радиуса гравитаций.

3.

Ты жестоко привык –
брать, не спрашивая.
Наверное, это хорошо.
Наверное,
это очень даже приятно,
брать не спрашивая,
ни у кого ничего не спрашивая.
Наверное, это здорово,
когда одна лишь дерзость,
и никакой вины.

Но что можно
подарить человеку,
который берет,
не спрашивая?

Нежность, например…
Ее не возьмешь,
спрашивая.
Или любовь…
Эта коварная леди
сама
никого не спрашивает,
свои законы
она пишет сама –

кровью
по ночному песку
мироздания.

4.
Ту часть тебя, которая
Мотылек,
нежный, ранимый,
я буду любить вечно….

Ту часть тебя, которая
Мастер,
я сохраню
в моем сердце.

Над той частью тебя,
которая
злой ребенок,
я буду плакать
слезами матери…

Ту часть тебя, которая…
Над нею
я буду
скорбеть…

5
Не уходи!
никто не сможет
понять тебя так,
как пойму тебя
я.

Не уходи!
никто не сможет
понять меня так,
как поймешь меня
ты.

Не уходи!
Никто не сможет
любить…

Но ты ушел.
И рана
осталась
кровоточить
в моей душе...

***

Воспоминания –
это ад
который
мы носим
внутри
нашей
взывающей к милосердию
живой души.

***

Вливая в юную душу яд лести,
искуситель наполняет
сосуд любви к себе,
порождая зависимость.
И душа просит –
еще и еще…

А потом,
когда настает
час расплаты, она,
подбитым лебедем
падает вниз.

И лишь тот, кому
удалось выжить,
будет умирать
снова и снова,
и смерть
станет
его подругой...

***

Бежать в страну,
где страха нет,
где нет тревоги.
Перешагнув черту,
оставить позади
все, что томило
сердце болью.

И обрести покой.

Под серым
и печальным,
скользящим
небом ноября…

КД

БЫЛОЕ

Мне снятся сны,
в которых вижу я себя
девчонкой
на берегу морском,
где разливается
цикд стаккато.
Подростком робким вижу я себя,
боящимся и жизни, и любви.
Кому-то это было нужно.
Другие законом правили и
ставили флажки.
Другие
превращали
цветы в золу.

Но не во сне…
Во сне нет власти надо мной.
Во сне я это я…
Во сне…

Волны нежно и страстно
ласкают камни,
пытаясь вымолить у них что-то,

но камни молчат,
потому что они – камни.

Одинокая тень
вырастает в сумраке ночи,
неторопливо и стремительно
движется
по острию луча.

Сердце мое наполняется страхом…
И вот я уже вижу профиль
и черную прядь волос
на высоком челе.
В темных очах
отражается холод звезд.

Пылающий его рот
обжигает губы мои.
Рука ложится на мое плечо,
я чувствую силу,
нежданную
в изяществе гибкого тела.

Наши сосуды сливаются,
огонь
наполняет мои жилы,
и я вижу все то,
что видел он,
не знающий покоя
и живущий вечно.

Теперь я знаю, кто он,
суровый и одинокий,
с огнем вместо крови
в пылающих жилах.

Его я любила всегда.

Пустынный берег
обшаривают снопы света –
это прожектора
стерегут границу.

«Границ нет», – говорит он,
и уводит меня
в тень погрустневших дерев.
«Перешагнув рубеж,
я стану такой, как ты?», –
спрашиваю я.
«Нет», – отвечает он,
и я благодарна ему
за правду.
«Такая, как я, ты мне не нужна», –
говорит он,
и я понимаю, он умеет любить.
Любить так,
как любит лишь тот,
кто познал значение слова ничей.

Дрожь его тела рождает страх.
Ствол шелестящего дерева,

все еще теплый
после знойного южного дня,
вонзается в мои плечи.

С уст его
срывается грубое слово,
которым он называет то,
что собирается сделать со мной.
Оно ранит меня,
и я ненавижу его за это.

«Забудь свою гордость, –
говорит он, вливая в меня
яд свободы желания, –
льстивых заверений в любви
ты от меня не услышишь».

Испуганный звереныш,
живущий во мне,
сопротивляется,
но протест
лишь питает его страсть.
Губы…
Поцелуй так глубок…
Его сладость приручает звереныша…

Ласки нежны и грубы.
Он берет мою руку
и вкладывает
в мою ладонь

то,
о чем я не смею думать, и
имени чему
в моем лексиконе нет.
Ему зачем–то так надо…
Чтобы я сама
Захотела –
взломать замок.

Во мне пробуждается
звериная моя суть.
Я вижу пропасть,
а за нею пятно
Бесконечности.

Испив из чаши
Желания,
я увидела Смерть,
она стояла рядом,
но страха во мне не было.
Потому что
есть на свете
нечто
сильнее Смерти.

Испив
яда наших Желаний
и выжив,
я познала себя.

Он говорил на рассвете:
«Любовь –
это самая большая иллюзия.
На самом же деле
каждый
любит
только себя.
И даже тот, который себя не любит,
любит себя, истекая кровью
от тоски по взаимности.

Теперь ты знаешь,
чего хочешь ты.
Теперь ты любишь
свое Желание,
а это значит,
ты любишь Меня.

Это единственная истина.
Других истин нет».

«Ты вернешься?», –
спросила я,
когда
он
уходил
в рассвет.

***

«Свобода – это кость,
которую бросают народу,
чтобы он
подавился ею,
и больше
ничего не просил».
Вы подумаете, это сказал
какой–нибудь циник Макиавелли,
иль – на худой конец, –
жесткий
государственный муж
Бисмарк, любивший
пофилософствовать
в часы досуга.
Увы!
Это слова
великого борца
за свободу народа,
героя,
свергшего
трон монархов,
чтобы потом
собственноручно
водрузить
корону
презренных Бурбонов
на свою
лысеющую
голову.

***

Он понимает тебя,
и ты любишь его за это,
боясь его понимания.

Нет, не его боишься ты.
Ты боишься себя и
собственной своей сути.

И ты ненавидишь его
за правду.

Нет, не ты
ненавидишь его,
это делает
твоя робость
и то мужество,
которого в тебе нет.

Лишь сны твои
любят его.
Сны, в которых ты –
только ты –
без тех следов,
которые
ставили на тебе
другие.

***

Ощущать себя
частью Вселенной,
наверное, это прекрасно!
Но лишь до тех пор,
пока ты веришь, что
Вселенная это ты.

Лишь до тех пор,
пока тебе удается
не думать о том,
что во Вселенной ты –
всего лишь пылинка.

Исчезнешь ты,
и во Вселенной
никто не заметит
что ты была…

Нет, лучше
чувствовать себя частицей
чего–то малого и земного,
зная,
что после твоего ухода
останется брешь,

заполнить которую
будет нечем.

И пусть кто–то
прольет слезу
над опустевшим
пространством,
которпое когда-то
было ты…

КД

***

Он приходит к тебе ночами,
вливая
в трепетную душу
яд Правды,
яд Свободы,
яд Желания.

И ты ненавидишь его
за это
той Любовью,
имя которой
Смерть.

* * *

Твой красный шарф
обнимает шею
твою.
Ах, как я завидую ему,
твоему шарфу!
Как я хотела бы быть
твоим шарфом,
Как бы я хотела
обнимать
шею твою!
Я бы делала это нежнее, чем он.
Я согревала бы тебя
в холодные дни
и молила Бога,
чтобы продлились они.
Но если не шарфом твоим,
то твоею левой туфлей
хотела бы я быть...
Или правою...
Или – обеими сразу,
ковриком – хотела бы я быть –
у твоей кровати.
Или твоею кроватью.

Тенью Твоею, судьбой...
Крыльями за спиной!

* * *

Над озером висит луна –
Прекрасна и холодна.
Как твои слова.
Как твои глаза...

Лунной дорогой иду к тебе.
Сердце трепещет в раскрытой руке.
Прижмусь к груди твоей
посильней.
А не мила –
не жалей –
убей!

* * *

Угольки догорают в камине.
Синим пламенем дышит камин.
На портрете черты дорогие,
А за окнами слякоть и стынь.

Одиночество сумрачных комнат
И отчаянье сумрачных дум.
Осыпается белый шиповник,
Увядает роскошество клумб.

***

Ни аромат цветов, ни стрекот
цикад в листве,
ни дуновенье
несущего прохладу ветерка,
ни рокот волн,
не принесут отрады
усталому челу,
преследует меня тоска такая,
что и не выразить
беспомощным словам.

Я бы с молитвой
к Богу обратилась,
да вот не знаю,
о чем просить и что пообещать...

КОНСУЕЛО

Брошу все и пойду бродить
по дорогам Испании.
Пристану к цыганскому табору –
он примет меня.
Вздымая дорожную пыль,
побреду свободная
от прошлого и от будущего,
палимая солнцем юга,

Под синим небом испанских ночей...

Лицо мое станет сухим от загара,
походка легка и мысли просты.
И в уме, как четки,
стану перебирать стихи
незабвенного Лорки,
про себя напевая
песни гонимого племени.

Под синим небом испанских ночей...

Встречу, может быть, там
красавицу в серебре монист,
в звоне браслетов,
лицом прекрасную, как звезда
и нравом колючую,
с девочкой по имени Консуэло.

Под синим небом испанских ночей,
усыпанным миллиардами звезд,
поющих в тиши,
будет танцевать девочка,
каблучками выстукивая ритм фламенко,
вторя гитарному перезвону цыганки.
Девочка с глазами нагими и кроткими,
девочка по имени Утешение
будет петь для меня
песни несчастного Лорки.

Под черным небом испанских ночей...

ТВОЙ ПУТЬ

Твой светлый взгляд
томит меня ночами...
Дуновение ветра
доносит ароматы роз
из той счастливой долины, где ты живешь,
Где ты ешь и пьешь,
читаешь книги, мыслишь,
любишь жену,
сидишь вечерами в своем саду,
грустишь, наблюдаешь закат,
выращиваешь виноград,
поливаешь землю,
чтобы она приносила плоды,
смотришь вдаль,
на вершину большой горы,
пытаясь разглядеть, что там за ней,
подаешь нищим,
ласкаешь детей,
улыбаешься
и делаешь еще тысячи
тех незаметных дел,
которых суть –
полный величия и смысла
земной путь.

А в это время там, за горой
что–то происходит со мной.

Я ПРИДУ К ТЕБЕ ЖЕНЩИНОЙ

Милый мой,
я приду к тебе женщиной.
Не растерянной, робкой,
пугливой девчонкой,
а женщиной,
которая познала себя
и в себе несет, как ребенка в чреве,
любовь невероятную к тебе.

И ты не сможешь
остаться равнодушным,
потому что во мне зреет
этот чудесный плод,
во мне зреет – часть тебя.
Нет, это ты сам
пускаешь корни во мне,
как дерево в земле.

Твои ветви высятся надо мной.
Я чувствую, как они зацветают весной,
как на них тяжелеют плоды осенью и,
срываясь от собственной тяжести,
падают вниз,
в лоно мое.

Я знаю – ты – Мыслитель,
Пахарь, Творец,
но и тебе надо куда–то упираться ногами.
А я – Земля, я – твой дом,
твой дворец,
который ты сам возвел
своими руками.

ЗАБУДУ!

Коль тебе не нужна –
уйду!
Забуду, отрину.
Другого найду!
В вине утоплю
тоску...
Забуду руки,
краше которых – нет!
Забуду глаз золотистый свет,
медовые, родниковые –
губы твои,
забуду, как мысли твои чисты.
Забуду детский, счастливый смех.
И жар любовных утех!
Забуду все.
Соберусь и уйду!

Но где ж я другого такого найду?!

* * *

Очень горько вспоминать
прошлое.
Как задумаюсь о нем –
тошно мне.

Руки вздену к небесам
синим.
Вся трава пошла
белым инеем.

Вот стою одна –
одинешенька,
износилася моя
вся одеженька.

Износилася душа –
вся до ниточки.
Ах, подайте, добры люди,
сиротинушке!

ОЗЯБШИЕ ЧЕРЕШНИ

Когда я влюблена, а влюблена всегда я,
Так романтично дождь стучит в окно,
От страха иль от счастья замирая
Пред тем, что будет иль прошло давно.

Ты добр ко мне. Твои уста безгрешны,
Душа спокойна, помыслы чисты,
А за окном озябшие черешни
Роняют в лужи белые цветы....

УСТАЛА

Мне любовь моя сказала:
"Я устала, я устала..
Ждать устала и стареть
И с тоской в окно глядеть..."

Зеркала стареют в рамах,
Календарь теряет листья,
Осыпаются черешни,
Ты не едешь, только снишься...

Я во сне с тобой гуляю,
Я тебе стихи читаю,
Я люблю тебя во сне.
Просыпаюсь – грустно мне.

Пусто, зябко, неуютно.
Зяблик в клетке приумолк.
Засыхает розы куст
И почтовый ящик пуст!

* * *

По тонкой глади льда гоняет ветер
Засохший, облетевший лист.
У кромки льда, подставив ветру плечи,
Одна, озябшая, стоишь.

Что видишь ты в той дымке серой?
Что ищет потемневший взгляд?
Четыре года пролетели –
Куда теперь: вперед, назад?

Четыре года муки и любви.
О Господи! На жизнь благослови!

ОДИНОЧЕСТВО

Потеряв покой и сон,
Я в ночи моей скитаюсь.
На коленях у икон
Счастье я найти пытаюсь.

Избавленья от оков
Я выпрашиваю тихо.
Лик спокоен и суров.
Вьюга завывает лихо.

Одиночество в ночи,
неуемный сонм фантазий.
Мысли грешные мои –
Поцелуи, соловьи...

Мне с собой никак не сладить.

ЛЮБОВЬ ЗЛА!

Бродит по полям старик.
Дик, как дуб,
Туп и глуп.
Стоит, жует,
Песню поет.
И вдруг как заорет –
Старуху зовет.
Выходит старая
С клюкой,
С ногой костяной.
"Милой ты мой!..."
Идут в болота.
У них свои заботы.
Водку пьют,
Песни поют,
Ревнуют, бьют,
И снова поют...

Крестьяне крестятся:
"Нечистая бесится..."

БАБОЧКА

На каждом пальце по кольцу,
Ко рту крадется сигарета...
И наплевать на суету –
Разнеженность, жара и лето...

И хищность розовых перстов,
И зыбкость розовых рассветов.
Взлетает удивленно бровь
И бабочка несется к свету.

РИСОВАТЬ ТВОЕ ЛИЦО…

Рисовать твое лицо,
слушать молча голос милый.
На дворе уже темно.
В склянке высохли чернила.

Ты сидишь, задумчив, тих,
Смотришь пристально на пламя.
Ветер за окошком стих.
Я томлюсь от ожиданья.

Подойду к тебе поближе,
Опущусь к твоим ногам.
Пламя жадно уголь лижет.
Счастье с мукой пополам.

ПРИСТАНЬ

Серебром запястий и монист
Я украсила себя сегодня ночью.
Гостю позднему открою дверь
В серебре луны полночной.
Пусть войдет он, долгожданный мой,
Вечный путник на дороге жизни.
Я – его пристанище и дом,
Вечная, взывающая пристань.

СТРАХИ

Страхи с глазами большими и темными
Бродят по дому из комнаты в комнату...
Лестницей шаткой скрипя, на чердак
Страхи взбираются, прячась в тенях.

Жмутся к перилам, прячутся в щели,
Страхи боятся собственной тени.
Ветер испуганно воет в трубе.
Яблоня зябко дрожит во дворе.

ЯБЛОНИ В ЦВЕТУ

Среди яблонь я цветущих заблудилась,
Утонула в белой пене навсегда.
А из яблонь на меня смотрели
Твои синие, бездонные глаза.

Завлекал меня ты глубже, глубже в сад,
И, бессильна воспротивиться судьбе,
Я, как школьница послушная, пошла,
Утопая в этой праздничной весне.

И не знала я – то ветер или ты –
Сыпал в волосы мне белые цветы
И нашептывал нежнейшие слова.
От любви кружилась голова.

А деревья были с ветром заодно,
То ли ветви, то ли руки распустив,
Рвали с плеч моих одежды полотно.
Я нагая шла по саду. Ты – за мной.

Ты касался белой яблони рукой,
Ревновала я тебя к ее красе.
И желала я со сладостной тоской
Раствориться в этой нежной тишине.

* * *

Страх пред чистым листом бумаги...
Что таит в себе этот страх?
Что таят в себе снегопады,
Белизной укрывая прах?

СМЕРТЬ ПАЖА

Написалось как–то само собой
Стихотворение про любовь,
Стихотворение о юном паже,
О погибшей в любви молодой душе.
Роза, корабль, шпага, перо –
Боже, как это было давно!
Умереть или жить, или пить вино –
Это уже все равно.
Что случилось с юным пажом?
Найден он был в сердце с ножом.
А что же любимая? Где она?
Королева – нежная убийцы жена.

* * *

Своею щедрою десницей
Мне милости дарует царь.
И милостью его царицей
Держу величественно стать.

Он, улыбнувшись молча взглядом,
Собой доволен, горделив,
Повелевает вдруг отрядам
Войти стремительно в залив.

ОПАСНЫЕ МОТИВЫ

За решетку посадили стих,
Песню спрятали в кутузку.
Соловей – тот сам притих,
Чтоб не съели на закуску.

ДОНЕЦК

Взорванный город,
как последний день человечества,
когда прошлое перестало существовать.
Прошлое, с прогулками по весеннему парку,
с ласточками под стропилами крыши киос-
ка,
где продавали мороженое,
с взвизгивающим смехом девчонок,
с цветами, брошенными
в окно родильного дома,
к ногам новорожденной дочери…
Этой жизни он больше не помнил…
Он стал частью окружившего его ужаса.
Он стал камнем среди других камней,
взметнувшихся от разрыва фугаса,
и осевших,
как оседает пыль,
на останки прошлого.
Он слился с пятнами этой пыли,
не в силах ненавидеть тех,
кто поднял меч на братьев своих.

Одна лишь горечь,
бесконечная горькая горечь
заполнила то святое пространство,
где когда-то билось
его сердце.

* * *

Во имя полного забвенья –
Мои слова к тебе, Любовь.
Я ухожу без сожаленья,
Без радости я возвращаюсь вновь.

Стоят толпой воспоминанья,
Теснятся у моих дверей.
Дождусь ли нового признанья
Моих скучающих детей?

Нет, не хотят сдавать позиций
Былые страсти и мечты.
Встают открытые гробницы
И страхи прежние мои.

Опустошенная, нагая,
Стою казанской сиротой –
И одинокая, и злая,
Тоскуя по себе самой.

ГОЛЛАНДЦЫ

В Голландии туманы.
В Голландии фонтаны.
В Голландии тюльпаны
красивей ваших роз.

В Голландии такие
высокие голландцы
С глазами золотистыми,
как искорки костров.

Голландские глаза,
голландские уста!
Вкуснее нет плода,
роскошнее светила.

А ты – такая глупая,
влюбленная в голландца.
Ну, просто сумасшедшая –
сошедшая с ума.

По Чехии гуляют
влюбленные голландцы.
Рябиной горькой пахнут
голландские уста.

Влюбленные глаза,
забудьте осторожность –
по лезвию ножа
скользит рассветный луч.

Соблазна полон взгляд,
а рот, как спелый колос.
Как сладки поцелуи!
Ах, как горьки слова!

Слова, слова, слова...
Восторг в застывшем взгляде.
И снова ускользает,
и снова – дальний путь.

Приблизился – живешь.
Уходит – замираешь.
И снова, снова ждешь,
что б снова умирать...

ПРОФЕССОР ФРЕЙД!

Куда уносит Вас судьбина?
В последний путь, в последний путь...
Гостеприимная чужбина
Грозит объятья распахнуть.

Трясет как утлую лодчонку
На стыках старенький вагон.
А выдержит ли бедный челн тот
Путь на туманный Альбион?

Там, позади, остались Вена –
Бергтассе, дом и Венский лес,
Какая страшная измена!
Какой мучительный конец!

Там, позади, друзья и годы,
И страсти гордые ума,
Работа, жизнь, мечты, свобода,
Но чаша выпита до дна.

Осушен тот бокал до капли,
До самой горькой, роковой.
Пора прощаться – жребий жалкий –
С любимой, проклятой страной.

ПО ДОРОГЕ В ЗАЛЬЦБУРГ

"Мы не знали ничего об этом...", –
Женщина рассказывала мне.
Ехали мы зальцбургским экспрессом –
Разговор пришелся о войне...

Фрау Краут вспоминала голод,
Братьев, не вернувшихся домой,
Мужа, похороненного где–то
(Как герой?) под Курскою Дугой.

Вспоминала этих страшных русских,
Виноватых в том, что столько лет,
Вместо кофе и пирожных вкусных
Приходилось есть лишь черствый хлеб.

Но Дахау? Господи помилуй!
Мы не знали ничего о том.
Что? Евреи? Это все открылось
Лишь потом, потом, потом, потом...

ИЕРУСАЛИМ

Иерусалим, свидетель стольких бед!
Свидетель славы и падений.
О, сколько роковых былых побед
К твоим ногам отбрасывают тени!

Мне столько лет, как и тебе,
Я помню Соломоново дыханье
Он был со мной наедине –
Не царь прославленный в деяньях,

Когда дремал он на моем плече
Усталым и обиженным ребенком,
Дрожал на мраморном челе
Иссиня–черный, непокорный локон.

Мне столько лет, как и тебе,
Меня топтали римлян кони,
Я умирала на кресте,
не вынеся жестокой боли.

Но восставала из руин,
Гонимая в края чужие.
И унося Иерусалим –
В стихии новые и злые.

НЕЖНОСТЬ

Побродить с тобою по полям,
Чувствовать тепло твоей руки,
Посидеть тихонько у реки,
На веранде распивать чаи,
Слушать звон часов с кукушкой,
Целовать тебя в макушку,
Половицами скрипеть
И о прошлом не жалеть.

А вокруг покой и нежность
В легком шепоте берез,
Книг разбросанных небрежность,
Лень и нега сладких грез.

РАСПЛАТА

Приходит час расплаты роковой
За тяжкие грехи, свершенные не нами.
Вот кнут занес над тройкой ездовой
И полетели версты под ногами.

В окне кареты призраком мелькнуло
Печальное и тонкое лицо.
С руки случайно соскользнуло
В меха венчальное кольцо.

Бледна, как снег, и молчалива,
Ты зябко опускаешь взгляд
И смотришь пред собой тоскливо,
И знаешь – нет пути назад.

* * *

Приступаю к новому роману...
Белый лист. Отточено перо.
Строчки, как зияющие раны.
Кровоточит прошлое мое.

Черных елей призрачные лапы.
Родника холодная вода.
Вся в кровавых отблесках заката
Умирает черная земля.

И ручей забытый чрез ущелье
в страхе продирается, журча.
Злые великаны, словно ели,
Кучкою столпились у ручья.

***

Луна лениво освещала
Туманную ночную жуть.
И снилось мне: я целовала
Твою пергаментную грудь.

Скользил устало луч надежды
По мертвой, выцветшей воде.
Лиловый свет – немой и нежный
стелился под ноги тебе.

Стоял ты, холоден и тонок,
И в даль смотрел перед собой.
Я просыпалась и спросонок,
шептала: "Где ты, милый мой?..."

Луна плыла средь океана
Холодных волн, холодных дум.
И так спокойно, и так странно
В даль простирался лунный путь.

РАЗЛУКУ ВОСПОЮ

1.
Ты уехал. Одна у порога
Я стою и с тоскою гляжу на дорогу.
Тишина. Колокольчик затух вдалеке.
Тает облачко пыли на дальней меже.

Я стою у порога одна в тишине
И не знаю я, что происходит во мне.
Темнота. Пустота. Ненароком с собой
Прихватил мою душу возлюбленный мой.

Ну, кому же нужна я теперь без души?
Потемневшие очи, как ночи темны,
И бессонные ночи, как очи пусты.
А дороги земные грустны и длинны.

2.
Мой милый уехал – земля опустела,
Ручьи не журчат и увяли цветы.
Мой милый уехал – душа онемела,
Умолкли в садах золотых соловьи.

Какая пустыня кругом и безмолвье!
Не дрогнет под ветром тугая струна.
Вчера зацветали долины любовью –
Сегодня кругом лишь сухая трава.

Вчера я богатой была и счастливой,
Струились к ногам величаво шелка.
Сегодня – бедна, неумна, некрасива –
Взираю на мир отрешенно одна.

3.
Полили дожди затяжные.
Ты в город уехал давно.
Забитые дачи пустые
И осень стучится в окно.

Унылые голые ветви
В поникшем осеннем саду
Дрожат безутешно под ветром.
Я грустно по дому брожу...

Огонь догорает в камине,
Бьют полночь устало часы...
И комнаты гулки пустые,
И кресла в гостиной пусты.

4

Три дня, как три огромных срока,
А приговор один – любовь.
Три дня, как тридцать три оброка.
Три дня – безжалостный конвой.
Приговорен к любви – навечно.
Навечно приговорена.
С руки срывается колечко...
Ведь жизнь – одна.
И смерть – одна.

5.

Вытоптали кони
Все жнивье.
И слетелось на гору воронье.
На гору, на горе,
На горе мое.
Миленький уехал.
Простыл след его.

6.

Опять пишу письмо я. Пустота.
Густая дрема душными ночами...
Свеча уж догорела. До утра
Скрипят лишь половицы под ногами.

Хожу, не выхожу тоски.
Молчание сжимает комом горло.
«Увозят милых корабли...»

И колокол гудит надгробно.

Пишу письмо я в пустоту.
Мой адресат давно уж выбыл.
И почтальоны не несут
Ответных долгожданных писем…

В пруду такая темная вода
И розы белоснежных лилий.
Тоска моя, моя беда,
Не выхожу, не выпишу, не выпью…

7.
Момент настал и нам пора прощаться.
Прости меня за холодность речей.
Пришла пора навечно расставаться...
Навечно, навсегда, на весь остаток дней.

Кровь стынет в жилах от ужасной мысли.
Стою как столб и губ не разожму.
Да, это одинаково трагично –
жить без тебя или лежать в гробу…

8.
Ты уходишь,
целуешь меня у порога.
Ну а там за порогом за этим –
дорога.

Вот уже равнодушно
захлопнулась дверь.
Что же будет со мною,
с тобою теперь?!
Побегу, удержу, притяну, обниму,
сердцем к милому сердцу прильну.

Но не двинуться.
Кончено все.
Тишина.
Стонет ветер.
Окно. Полнолунье. Зима.

9.
Что написать Тебе, мой милый?
Не видела Тебя три дня.
Три раза солнце закатилось –
Три раза кануло в моря.

И трижды зори зажигались,
И трижды падала роса,
И на рассвете кони ржали
И уносились в небеса.

Тот конь, завидев кобылицу,
Рвал удила и мчался к ней –
Была разбужена станица
Счастливым ржаньем двух коней.
Лишь я одна в тоске взирала

На ширь полей и роскошь звезд,
И без Тебя не замечала
Их восхитительных красот.

Твои глаза мне звезд милее.
Милее всех цветов земли –
Уста медовые Твои.

10.
Это такая беда –
Ну, просто не звонит телефон.
Случилось что–то на линии.

На линии – между мной и тобой.
Сломалось,
выскочило какое–то реле,
порвалась связь,
разлетелись ниточки,
по которым шел ток.

От тебя – ко мне.
Теряюсь –
зачем теперь я мне?

Я – телеграфный столб –
без проводов!

Стою в степи – на семи ветрах…
Ветер не шумит в проводах.

11.
Уходит все.
Усталости на зная,
качает маятник поникшей головой.
Уходит все.
Как сердце замирает.
Уйду и я однажды,
милый мой.

Я прижимаюсь лбом к озябшему стеклу,
Пылающей рукой сжимая шаль.
Березка стонет на ветру
И облака текут куда-то вдаль...

ДОНУ ЖУАНУ ЛЮБИМОМУ

1.
Каков он был, тот знаменитый дон,
Который свел с ума севильских жен?
И посрамленные мужья
искали помощи ружья.

Каков он был, тот дон Жуан,
Любви пленительный обман,
Низавший, словно жемчуга,
на нитку женские сердца?

Красив, как Бог, лукав, как Дьявол,
Прекрасен, смел, сладкоречив,
Любезен, изощрен и сладок,
умен, нахален и учтив.

Таким он снился мне сегодня,
Таким люблю его и я.
Была б я в выборе свободна,
Я выбрала б его, друзья.

Любовь его не вечна, что ж,
Зато уж очень он хорош!
А брака вечная тюрьма –
Не для него, не для меня!

2.

Ах, донна Анна, что за дело!
Не ты одна его хотела.
Тебе дарил он страсть свою,
Но я сильней его люблю.

За что наказан он, мой милый?
За то, что всеми был любим?
За то, что женами Севильи
Он и в аду боготворим?

Ах, донна Анна, пролетели
Любви и счастья времена.
Две опустевшие постели,
Опустошенные сердца.

В аду чертовку молодую
лобзают грешные уста.
Ты видишь, он нашел другую,
Забыв тебя, забыв меня…

3.

Где ты, мой дон Жуан?
К чьим припадаешь устам?
К чьим ногам бросаешь ты жизнь свою?
(В который уж раз!)
Из чьих рук принимаешь бокал
С любовным ядом?
Почему нет тебя рядом?

Пусть не будет тебе сладко с другой,
Пусть поймешь, что ты – мой!

4.
Мой дон Жуан... Соблазна полны
Сладкоречивые уста.
Что под покровом ночи темной
Таят лукавые глаза?

Мантилью черную накину
И тихо в сад спущусь к тебе,
И буду слушать ночью синей
Слова, не снившиеся мне.
Слова любви. Прекрасней нету,
Во всей Вселенной ничего.
И будем пить мы до рассвета
Сладчайшее любви вино.

А на рассвете в дымке серой
Потонет мутная заря.
Ах, да какое кому дело,
Что я придумала тебя!

ПЛАЧ СКРИПКИ

1.
Ни одной фальшивой ноты
в музыке твоей за столько лет.
На челе – печать заботы,
На висках – столетий снег.

Губы, приоткрытые в улыбке –
добрые и мудрые уста.
Любишь ты мои ошибки
и безумные слова.

В музыке твоей тоска и сила,
нежность и величие, и боль.
Струны, как натянутые жилы,
а смычок, как первая любовь.

2.
Музыкант приставил скрипку
Кподбородку... Как тут быть!
И печальною улыбкой
озарился светлый лик.
Зарыдала, застонала,

Нежная в его руках,
И дрожала, и стенала,
И молила, вся в слезах.
Он ее любовью мучил,
Сам страдал, ее любя.
Под его смычком могучим
Пела тонкая струна.
И в экстазе упоенья,
Где страдание и боль,
Слезы, радость и сомнение,
Восхищенье и любовь,
Все в одном едином вздохе,
Как в бессмертии слилось,
Стоголосым гулким эхом
В темном зале отдалось.

Но упал смычок бессильно.
Смолкла скрипка. Тишина.
И поникли, словно крылья,
Две руки – как два крыла.

3.
Я – скрипка, а ты – скрипач.
На струнах моих тебе играть,
Из них извлекать
Радость и плач.
А мне звучать,
Петь и рыдать,
От счастья млеть,

К небу лететь –
Камнем на землю пасть!
Скрипка – скрипач,
Судьба одна.
Что я теперь – без тебя?
То же, что ты – без меня!
Скорей на плечо к тебе – пасть!
Прильнуть щекою к твоей щеке!
Мукою сердце зайдется в тоске.
Я – скрипка,
А ты – скрипач.
Мы неделимы,
Как смех и плач.
Занес лишь смычок –
И я звучу.
Опустишь его –
И я замолчу.

4.
Скрипка поет на плече скрипача.
Скрипка страдает под взмахом смычка.
Плачет от счастья, немеет от боли...
Он не жалеет ее и не холит.
Он извлекает из недр ее плач –
этот неистовый гений скрипач.
Изнемогая от счастья и муки,
любит она его страстные руки.

Вместе слились – роковое единство –
в этом союзе давно и таинственно
ненависть, страсть, наслажденье и боль,
что называется словом любовь.

5.
Забытая скрипка лежит в углу,
Разбросаны ноты кругом на полу.
Наказанной школьницей сникла она,
Печали и боли разлуки полна.
Столетья проходят, а он не идет,
Из плена молчанья ее не спасет.
Напрягшись тугою и звонкой струной,
Имя его произносит с тоской.
Она различает в подъезде шаги...
Но нет, не его. Чужие они.
Послушницей, давшей обет молчать,
Пока не вернется ее скрипач,
Притихшею девочкой ждет она...
За окнами гулко шумит тишина...

6. ВМЕСТО ЭПИЛОГА

В музее под стеклом реликвией старинной
Застыла скрипка в вечной немоте.
А ведь когда–то сам великий Паганини
Дивился ее страшной красоте.

Звучала музыка неистово и страстно
И рвались струны под его рукой.
Овладевая ею нежно или властно
Он был всесилен. Да, он был такой.

Ни Бог, ни Дьявол, нет, ничто не вечно.
Поблекли звезды, выцвела земля.
Любовь и счастье в мире быстротечны.
Лишь одиночество в музее – на века.

ЧТО ВИДЕЛ ДАНТЕ

ПЕРВЫЙ КРУГ АДА

Мастер
спустился в ад и встретил
там
своих знакомцев,
чьим прегрешеньем
было то,
что не познали
они
Христа
и таинства крещения.
Но как могли они его познать?
Гораций, Архимед, Вергилий…
Скорбь – наказаньем стала им…

Воздастся каждому по вере.
Была их вера
иной…
Ее они не выбирали…

В кругу начальном,
в царстве горестном Аида

скитаются они
без цели, без ветрил…
Лишь внемлет
старик Харон
их горестным речам.

ВТОРОЙ КРУГ АДА

Это милосердье –
для тех, кто устоять не мог
пред бурями страстей,
кого любовь
вела к грехопаденью,
и здесь играет буря
мятежными сердцами –
над бездной мглы…
Судья им Минос.
Он бурю бурей.
истязает

ТРЕТИЙ КРУГ АДА

Чревоугодцев поливает дождь.
Их души
вязнут в грязной жиже.
Им плоть была
важнее духа,
и теперь

они – свидетели ее распада,
гниенья под дождем,
и Цербер
сдирает кожу с них
когтистой лапой,
и обнажает плоть…

ЧЕТВЕРТЫЙ КРУГ АДА

Обитель тех,
кто недостойно
копил
лишь ради накопленья,
не принося отрады ближним.
Гигантская равнина
им отдана.
Две разъяренные толпы
катают грудью камни,
и столкнувшись,
все валятся назад,
чтоб вновь
начать соревнованье.
Плутос
с улыбкой наблюдает
вечный спор.

ПЯТЫЙ КРУГ АДА

Гигантская река.
Сюда ссылают
гневливых.
А рядом с ними те,
чье равнодушие
грехам лишь потакало.
Теперь,
обуреваемые злобой,
они вонзают
клыки друг в друга.
И даже смрадное болото,
в котором
утопают их тела,
не в силах
усмирить их буйство…
Страж Флегий
спокойно дремлет
на пеньке,
без опасения,
нет эти не сбегут –
Здесь каждый каждого
утопит…

ШЕСТОЙ КРУГ АДА

Шестая сфера –
горящий город Дит

и Фурии
с клубками змей на головах,
несущие дозор…
Приют
вероотступников
и лжеучителей,
лежащих в склепах...
Страх разъедает их сердца
И пламя пожирает души.
Удел их –
Призраками быть
в пылающих своих могилах.

СЕДЬМОЙ КРУГ АДА

О, трепещите,
насильники,
убийцы,
тираны всех мастей!
Вас ожидают огненные ливни.
Собаки раздирают вашу плоть
и гарпии охотятся за вами,
чтобы сварить вас
в алом кипятке
и Минотавр
гоняет вас по кругу.

ВОСЬМОЙ КРУГ АДА

Тяжел их грех.
Обманщикам
достался круг восьмой.
По десяти траншеям,
заполненным
пылающей смолой
рассыпаны тела
лгунов, пророков самозваных,
гадалок, колдунов, мздоимцев
и лицемеров, и льстецов…
Страж Герион
проводит их рядами
сквозь бичевание, дабы
они познали боль,
какую
причиняли сами.

ДЕВЯТЫЙ КРУГ АДА

Для тех он, чей грех
страшнее всех грехов.
Предателей
всех видов и сортов
ждет в центре Преисподней
Кóцит.
Вмороженные в лед тела,
обречены

на одиночество
и вечный холод.

Средь них –
их праотец Люцифер,
падший ангел,
Иуда,
предавший Христа,
Брут,
обманувший суверена,
и Кассий…
Знакомы нам они
и ныне
их полк становится
обширней и мощней…

ЭПИЛОГ

За то, чего не сделал ты
при этой жизни,
иль за то,
что в ней ты натворил,
придет расплата…

Так Данте,
облокотясь
о борт челна,
уныло
размышлял

в печали скорбной
предел тот оставляя,
надежды в коем нет
на избавленье…

БАГАТЕЛЬКИ

***

В щедро раздариваемых
сладких словах и
клятвах верности
как в водах мутного потока,
погибает нежный цветок любви…

***

Жажда мира в сердце моем –
вечная жажда
гармонии.

Но что–то
снова и снова
заставляет меня
выбирать
путь хаоса

***

Чужая даль
и колесо фортуны –
свободы нет…

***

Твои глаза
прекрасны,
когда ты
плачешь,
говорил ты,
причиняя
мне боль

***

Смерти нет!
Спроси у бабочки!

***

Подари мне
железный цветок,
который
цветет вечно.
просила я.

Вечность мертва,
отвечал ты.
Жизнь прекрасна
своей
быстротечностью…

***

Весна не рассуждает
о морали.
У весны
свой угол зрения.

***

Женщина – это
утро,
в котором
женщина –
всего лишь
женщина…

***

Река любовно
ласкает ножки девочки.

Берегите детей
от любви рек!

***

Дикую лозу
вгоняют в краску
поцелуи осени,
влюбленной
в саму себя…

***

Сраженный
литаврами
круглый
звук скрипки
подстреленным лебедем
падет
в вечность...

***

Небо плоское –
как ладонь,
раскрытая
навстречу желанию...

***

На краю бесконечности
спит
запущенный
сад
желаний...

***

Море – это вода.
Остальное о море
уже сказано.

***

Зеркала бездушны,
как бездушна свобода.
В зеркалах
отражается
все…

***

Яблоко – это
экзамен на
аттестат зрелости…

***

Пылинка –
самая главная
часть
Мироздания…

***

За стаканом абсента
муравей
погружается в воспоминания
о прошлой жизни…

Грехом которой
был грех гордыни…

***

Ветер
повелевает ураганам…

***

Рука – это
ласка и
боль…

***

Птица – это
победа
над силой
земной любви…

***

Окно – это
зарево
осветившее
крохотный мир
одной единственной жизни…

***

Эхо
продляет
жизнь слова,

лишая его
души…

***

море синеет вдали
вьется дымок
шхуна в поиске бухты

***

куст сирени зацвел
солнце ласкает землю
январь

***

сегодня сдружились они –
солнце и месяц
любовь

***

рамой портрет обрамлен
тени в глазах
шагни за пределы

***

золотом купола
в синеву небес
благовест

***

шелест листвы и песня цикад
дрозд поет в вышине
счастья покой

***

в черной воде отраженьем луны
дрожит ветерок
холод Вселенной

***

луна
камнем канула
в пучину слез

***

Весна поставила точку в повести,
над которой долго трудилась зима.
Капель.

***

Лучезарный покров лег на город
снег сверкает в лучах дневного светила
конечность бесконечного

***

К небу
дерево тянет
влюбленные руки,

в слезах
пытаясь коснуться
лица
луны

***

Петух взлетел
на перекладину –
скоро ночь

***

Семисвечник –
фруктов аромат.
Израиль

***

Шагал шагает
по планете –

полет

***

Алые цветы
текут с картины –
вернисаж!

Ни одной
грязной мысли в лице –
о чем думают эти люди?

СОДЕРЖАНИЕ

ПРОИЗВЕДЕНИЯ СОФИИ БЕНЕДИКТ

Эти книги можно приобрести в любом книжном магазине Европы, США, Канады, Австралии, а также в сети – на Amazon и у других поставщиков – как в бумажном, так и в электронном исполнении.

ПУТЕШЕСТВУЮ
Итальянское и другие путешествия

Героиня путешествует одна. Она считает, что таким образом можно увидеть и прочувствовать гораздо больше, чем в компании с другим человеком.

Книга состоит из 28 очерков, бо́льшая часть которых описывает поездки по странам Европы, это Италия, Франция, Греция, Нидерланды, Англия и т.д. Очерки расположены в хронологическом порядке. Вначале автор частично по памяти и по скудным запискам восстанавливает некоторые из своих семейных поездок, а потом начинаются настоящие путевые дневники.

Книга очень увлекательна, оторваться от неё невозможно.

Мало того, пусть опыт героини послужит примером тем робким душам, которые отказываются от путешествий лишь по той причине, что не могут найти себе компанию.

Самая лучшая компания – это ты!

Издательство: Norderstedt BRD
ISBN: ISBN: 9783749466092

ДОКТОР, НАУЧИТЕ МЕНЯ ПЕТЬ

Дневник психоанализа одной пациентки

Эта необычная рукопись попала в руки автора совершенно случайно. Книга не пересказывает бесед пациентки с психотерапевтом, речь в ней преимущественно о воспоминаниях, о чувствах, о снах, о размышлениях, которые овладевали пацинткой после того, как она закрывала за собою дверь психотерапевтического кабинета. Мне, как психоаналитику, чрезвычайно интересна именно эта сторона: книга открывает завесу в обычно от нас скрытое, а именно в то, что происходит с пациентом или в пациенте в промежутках между сеттингами. Очень хочется настоятельно рекомендовать эту книгу в первую очередь студентам, изучающим психологию и педагогику, а также родителям – в качестве своего рода окна в чувствительную и ранимую детскую душу, в качестве зеркала той драмы, которая разыгрывается в восприятии ребенка в ответ на, казалось бы, безобидные слова и действия взрослых.

Книга читается, как увлекательный роман. Мастерство автора увлекает читателя в богатейший мир чувств героини романа.

Гельмут Фигдор

На русском языке:
Издательство: Norderstedt, BRD
ISBN: 9783744816694

На немецком языке:
Издательство: Norderstedt BRD
ISBN: 9783743191754

ДЕЗЕРТИРЫ

Война – это кровь. Война – это сломанные человеческие судьбы.

В центре данной повести стоит человек с его большими бедами и маленькими радостями. Перед читателем проплывают разные жизни и разные характеры, но у всех этих людей одно большое горе – они потеряли дом, родину, близких. Теперь пред ними одна задача – выжить. Выжить духовно.

Ненависть и любовь переплетены в повествовании так же тесно, как они переплетены в человеческой душе. Финал нельзя назвать счастливым, но это хороший конец, потому что побеждает дружба. А это значит, побеждает человек. Действие развивается динамично, смена сцен происходит в темпе хорошего триллера, повесть читается на одном дыхании.

На русском языке:
Издательство: Издательство: Norderstedt , BRD
ISBN-10: 3739202084
ISBN-13: 978-3739202082

На немецком языке:
Издательство: Norderstedt, BRD
Роман: ISBN: 978374120002
Пьеса: ISBN: 9783746065229

В ПЛЕНУ ПАРАЛЛЕЛЬНЫХ ВРЕМЕН

Кристина Михельфайт о лирике Софии Бенедикт

Стихотворения Софии Бенедикт наполнены болью, поиском большой любви и хотя бы небольшого счастья. Но есть у жизни и прекрасные стороны, автора не оставляет равнодушной вид цветущего куста сирени, свежевыпавшего снега, пусть даже очарование длиться лишь до нового приступа меланхолии, когда туман и холод сковывают душу.

Между нежностью и меланхолией София Бенедикт ищет свое место в этом мире, зная, что здесь она только пылинка. И все же должна быть где-то и другая, параллельная действительность!

На русском языке:
Издательство: Norderstedt , BRD
ISBN: 9783738608656

На немецком языке:
Издательство: Norderstedt, BRD
ISBN: 9783734797194 BRD

ЕСЛИ ДОЛГО ВГЯДЫВАТЬСЯ В ОКЕАН...

Вы влюбитесь и в этот роман. В него невозможно не влюбиться. И уж точно вы не закроете его, пока не дочитаете до конца. Книга рассказывает о любви, о нежности, о боли, о сиротстве души, о желании быть счастливой. Нет для героини ничего важнее любви. Как сорванный с ветки осенний листок несет ее от мужчины к мужчине, из города в город, из страны в страну, с берегов одного океана к берегам другого. Потому что чувства правят миром... Каким бы жестоким ни был наш мир, тоска по любви и нежности живет в каждом сердце – женском и мужском.

На русском языке:
Издательство: Norderstedt, BRD
ISBN 9783746043739

На немецком языке:
Издательство: Norderstedt, BRD
ISBN: 9783734797194
ISBN: 9783738632248

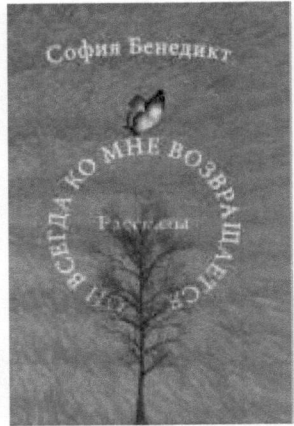

ТАМ, ГДЕ СОЛНЦЕ ЗАХОДИТ ЗА МОРЕ
ОН ВСЕГДА КО МНЕ ВОЗВРАЩЕНТСЯ

София Бенедикт относится к тем бесстрашным авторам, для которых нет ничего важнее правды. Ее произведения всегда актуальны, как всегда актуальны человеческие чувства – любовь, ненависть, нежность, боль, благородство, мужество... Рассказы писательницы исполнены в лучших традициях жанра, это, практически, маленькие романы – в каждом из них умещается целая жизнь, образы героев выписаны выпукло и правдиво, в них читатель с трепетом узнает собственные порывы и переживания.

Повести:
Издательство Norderstedt, BRD
ISBN: 9783744813679

Рассказы:
Издательство: Norderstedt, BRD
ISBN: 9783743162099

СКОРО ВЫЙДУТ ИЗ ПЕЧАТИ

КУРОРТНЫЙ РОМАН

Москвичка Ольга отдыхает со своим парнем в португальском Назаре, где он то и дело достает ее своей ревностью. И тут так получается, что она влюбляется в португальца. У них с Жоржи начинается роман. Жоржи оказывается талантливым певцом, исполнителем португальских песен фаду. Ольгу пленяет его невероятно красивый, профессионально поставленный голос. Сама она в свое время получила музыкальное образование, ее готовили к карьере музыканта, но она пошла наперекор планам матери. Теперь Ольга открывает рекламное агентство, чтобы заняться карьерой своего возлюбленного, его голос слишком хорош, чтобы меть в маленьком театре, она прочит ему будущее оперного певца. Конфликт запрограммирован.

БРАТСКАЯ ЛЮБОВЬ

Действие романа разворачивается в период между Первой и Второй мировыми войнами. Героиня романа Изабелла, девочка из венского предместья Мёдлинг. Она рано потеряла отца. Пьяный отчим пристает к падчерице, но та умеет дать отпор. Вскоре умирает и мать. Изабелла становится единственной опорой для младших братьев и сестры. В 14 лет ей уже приходится работать в трактире «девочкой на все руки». Непростые отношения связывают ее с хозяевами трактира, братьями Йозефом и Филиппом. А потом наступают опасные времена. Судьба молодой женщины вплетается в политические изменения, происходящие в стране. Страна разделяется на два лагеря, по разные стороны баррикад оказываются и братья…